Mia's Song
Kënga e Mias

Shelley Admont
Illustrated by Elena Kisenkova

www.kidkiddos.com
Copyright ©2025 by KidKiddos Books Ltd.
support@kidkiddos.com

All rights reserved. No part of this book may be reproduced in any form or by any electronic or mechanical means, including information storage and retrieval systems, without written permission from the publisher, except in the case of a reviewer, who may quote brief passages embodied in critical articles or in a review.
First edition, 2025

Translated from English by Vaelza Golemi
Përkthyer nga anglishtja nga Vaelza Golemi

Library and Archives Canada Cataloguing in Publication
Mia's Song (English Albanian Bilingual edition)/Shelley Admont
ISBN: 978-1-0497-0305-3 paperback
ISBN: 978-1-0497-0306-0 hardcover
ISBN: 978-1-0497-0307-7 eBook

Please note that the English and Albanian versions of the story have been written to be as close as possible. However, in some cases they differ in order to accommodate nuances and fluidity of each language.

Mia was a squirrel, just like many others in the forest. She loved climbing trees, collecting acorns, and laughing with her friends.

Mia ishte një ketrushe, njësoj si shumë të tjera në pyll. Asaj i pëlqente të ngjitej në pemë, të mblidhte lajthitë e lisave dhe të qeshte me miqtë e saj.

But most of all, Mia loved playing her guitar. Whenever she played, she forgot about everything else.

Por mbi të gjitha, Mias i pëlqente t'i binte kitarës. Sa herë që i binte, harronte gjithçka tjetër.

She imagined herself standing on a big stage. The lights would shine, and everyone would sing and dance to her music.

Ajo e imagjinonte veten duke qëndruar në një skenë të madhe. Dritat shkëlqenin dhe të gjithë këndonin e vallëzonin me muzikën e saj.

Every day, Mia sat under her favorite tree and played her guitar. She learned new songs and wrote some of her own.

Çdo ditë, Mia ulej nën pemën e saj të preferuar dhe i binte kitarës. Ajo mësonte këngë të reja, por shkruante edhe këngë të vetat.

The butterflies were the only ones who listened, twirling and dancing in the air.

Fluturat ishin të vetmet që e dëgjonin, duke u rrotulluar dhe duke vallëzuar në ajër.

Mia loved playing for them. But when she thought about performing for anyone else, she became nervous.

Mias i pëlqente të luante për to. Por kur mendonte të performonte për dikë tjetër, ajo bëhej nervoze.

What if no one likes my music? she would think. *What if they laugh at me?*

"Po sikur të mos e pëlqejë askush muzikën time?", mendonte ajo. "Po sikur të qeshin me mua?"

So her songs stayed a secret, just between her and the butterflies.

Kështu, këngët e saj mbetën sekret, vetëm mes saj dhe fluturave.

One morning, when Mia was wandering through the forest, she spotted two raccoons arguing.
Një mëngjes, ndërsa endej nëpër pyll, Mia vuri re dy rakunë që po grindeshin.

"That's my pile of berries!" one cried.
"Janë mjedrat e mia!", ia pati njëri.

"No, it's mine! I found them first!" the other shouted.
"Jo, janë të miat! Unë i gjeta i pari!", bërtiti tjetri.

"Hey, what's going on?" Mia asked as she stepped closer.
"Hej, çfarë po ndodh?", pyeti Mia ndërsa iu afrua.

The raccoons turned to her, both frowning.
Rakunët u kthyen nga ajo, të dy me vetullat e ngrysura.

"He's trying to take my berries!" the first raccoon said, crossing his arms.

"Ai po përpiqet të më marrë mjedrat!", tha rakuni i parë, duke kryqëzuar duart.

"I found them first!" the second raccoon huffed.

"Unë i gjeta i pari!", shfryu rakuni i dytë me inat.

"But aren't there enough berries for everyone?" Mia asked.

"Por a nuk ka mjaftueshëm mjedra për të dy ju?", pyeti Mia.

"No!" they shouted at the same time.
"Jo!", bërtitën ata përnjëherësh.

"He took the biggest ones!" said the first raccoon.
"Ai i mori kokrrat më të mëdha!", tha rakuni i parë.

"And he's not sharing!" added the second.
"Kurse ai po i mban të gjitha për vete!", shtoi i dyti.

Mia didn't know what to do. So she picked up her guitar and began to play quietly.
Mia nuk diti çfarë të bënte, ndaj mori kitarën dhe nisi t'i binte dalëngadalë.

The raccoons stopped arguing and looked at her.
Rakunët reshtën së grinduri dhe nisën ta shikonin.

Mia's fingers moved over the strings, filling the forest with a soft, calming melody.

Gishtat e Mias lëvizën mbi tela, duke e mbushur pyllin me një melodi të butë e qetësuese.

She sang a beautiful song about friendship and kindness, and the raccoons sat down to listen. By the time she finished, they were smiling.

Ajo këndoi një këngë të bukur për miqësinë dhe mirësinë dhe rakunët u ulën për ta dëgjuar. Kur kënga mbaroi, ata po buzëqeshnin.

"I'm sorry," one of them said.
"Më fal!", tha njëri prej tyre.

"Me too," said the other. "Let's share the berries."
"Më fal edhe ti!", tha tjetri. "Eja t'i ndajmë mjedrat!"

A few days later, Mia was practicing her newest song when she heard a sound in the distance... Someone was crying.

Disa ditë më vonë, Mia po praktikonte këngën e saj më të re kur dëgjoi një zë nga larg... Dikush po qante.

Mia followed the sound until she found Rita, a little hedgehog. She was sitting on a rock with tears streaming down her face.

Mia ndoqi zërin derisa gjeti Ritën, një iriqe të vogël. Ajo ishte ulur mbi një shkëmb me lotët që i rridhnin në fytyrë.

Mia walked over and asked, "Why are you crying?"
Mia iu afrua dhe e pyeti: "Pse po qan?"

"I lost my balloon!" Rita replied through her tears. "It was big and colorful, and now it's gone!"
"Më humbi tullumbacja!", u përgjigj Rita mes lotëve. "Ishte e madhe dhe shumëngjyrëshe... Tani nuk është më!"

Mia sat down beside her and thought for a moment. Maybe she could cheer her up a little.
Mia u ul pranë saj dhe i lindi një ide. Ndoshta ajo mund ta bënte të ndihej më mirë.

With a smile, she reached for her guitar and began to play a cheerful tune.

Me një buzëqeshje, ajo mori kitarën dhe filloi të luante një melodi të gëzueshme.

She sang about the sun coming out after the rain and the flowers blooming all around.

Ajo këndoi për diellin që dilte pas shiut dhe lulet që çelnin ngado.

Rita started humming along. Soon her tears were gone, and she was smiling again.

Rita nisi të këndonte bashkë me të. Shpejt lotët e saj u zhdukën dhe iriqja e vogël buzëqeshi përsëri.

Other animals in the forest heard the music and began coming from all directions.

Kafshë të tjera në pyll dëgjuan muzikën dhe filluan të vinin nga të gjitha anët.

A bear peeked from behind a tree, nodding his head to the beat. Birds chirped, raccoons and mice danced, and foxes leaped with joy.

Një ari doli nga pas një peme, duke tundur kokën sipas ritmit. Zogjtë cicëronin, rakunët dhe minjtë kërcenin, ndërsa dhelprat hidheshin përpjetë gjithë hare.

When the song ended, Mia looked around. To her surprise, animals of all shapes and sizes had gathered near her.

Kur kënga mbaroi, Mia hodhi sytë përreth. Për habinë e saj, kafshë të të gjitha formave dhe madhësive ishin mbledhur pranë saj.

"Play us one more song!" squeaked a mouse. "We love your music!"
"Na luaj edhe një këngë!", klithi një mi. "Na pëlqen muzika jote!"

Mia smiled and played another song, and then another.
Mia buzëqeshi dhe luajti një këngë tjetër, dhe pastaj një tjetër.

Everyone danced and laughed, not even noticing it was already time to go home.

Të gjithë kërcyen dhe qeshën, pa e vënë re fare se kishte ardhur koha për të shkuar në shtëpi.

As the animals were saying their goodbyes, a rabbit hopped over to Mia.
Ndërsa kafshët po i thoshin lamtumirën njëri-tjetrit, një lepur brofi drejt Mias.

"Your songs make everyone so happy," he said with a smile.
"Këngët e tua i lumturojnë të gjithë", tha ai me një buzëqeshje në fytyrë.

A small bird landed on a nearby branch and chirped, "Can you play again tomorrow?"
Një zog i vogël u ul në një degë aty pranë dhe cicëroi: "A mund të luash përsëri nesër?".

Then a turtle slowly stepped forward. "Maybe I can join you next time. I can play the bass guitar!"
Pastaj një breshkë bëri përpara dalëngadalë. "Herës tjetër ndoshta luaj edhe unë me ty. Unë di t'i bie kitarës bas!"

"I can play drums!" said the rabbit.
''Unë mund t'i bie baterisë!", tha lepuri.

"And I can sing along!" chirped the bird.
''Kurse unë mund të këndoj së bashku me ju!", cicëroi zogu.

"This is amazing!" Mia said, jumping with joy. "We'll be a band!"
''Kjo është e mrekullueshme!", tha Mia, duke u hedhur përpjetë nga gëzimi. ''Do të jemi një grup muzikor!''

They all laughed loudly and clapped.
Ata të gjithë qeshën me zë të lartë dhe duartrokitën.

From then on, they gathered every day to play and sing together.

Që atëherë, ata u mblodhën çdo ditë për të luajtur dhe kënduar së bashku.

Soon, animals from near and far came to dance to their music.

Shumë shpejt, kafshë nga afër dhe larg erdhën për të kërcyer me muzikën e tyre.

Mia made her dream come true. She wasn't afraid to play for others anymore, and her songs filled the forest with kindness and joy.

Mia e bëri ëndrrën e saj realitet. Ajo nuk kishte më frikë të luante për të tjerët dhe këngët e saj mbushnin pyllin me mirësi dhe gëzim.

And you? Do you have a dream too?

Po ti? A ke edhe ti një ëndërr?

www.ingramcontent.com/pod-product-compliance
Lightning Source LLC
Chambersburg PA
CBHW061145070526
44584CB00033B/4424